Anne Graefen

Ursachen und Formen der Zerebralparese

GRIN Verlag

Bibliografische Information der Deutschen Nationalbibliothek:

Die Deutsche Bibliothek verzeichnet diese Publikation in der Deutschen National-
bibliografie; detaillierte bibliografische Daten sind im Internet über http://dnb.d-
nb.de/ abrufbar.

Dieses Werk sowie alle darin enthaltenen einzelnen Beiträge und Abbildungen
sind urheberrechtlich geschützt. Jede Verwertung, die nicht ausdrücklich vom
Urheberrechtsschutz zugelassen ist, bedarf der vorherigen Zustimmung des Verla-
ges. Das gilt insbesondere für Vervielfältigungen, Bearbeitungen, Übersetzungen,
Mikroverfilmungen, Auswertungen durch Datenbanken und für die Einspeicherung
und Verarbeitung in elektronische Systeme. Alle Rechte, auch die des auszugsweisen
Nachdrucks, der fotomechanischen Wiedergabe (einschließlich Mikrokopie) sowie
der Auswertung durch Datenbanken oder ähnliche Einrichtungen, vorbehalten.

Impressum:

Copyright © 2006 GRIN Verlag GmbH
Druck und Bindung: Books on Demand GmbH, Norderstedt Germany
ISBN: 978-3-656-71447-7

Dieses Buch bei GRIN:

http://www.grin.com/de/e-book/278327/ursachen-und-formen-der-zerebralparese

GRIN - Your knowledge has value

Der GRIN Verlag publiziert seit 1998 wissenschaftliche Arbeiten von Studenten, Hochschullehrern und anderen Akademikern als eBook und gedrucktes Buch. Die Verlagswebsite www.grin.com ist die ideale Plattform zur Veröffentlichung von Hausarbeiten, Abschlussarbeiten, wissenschaftlichen Aufsätzen, Dissertationen und Fachbüchern.

Besuchen Sie uns im Internet:

http://www.grin.com/

http://www.facebook.com/grincom

http://www.twitter.com/grin_com

Erläutern Sie die Ursachen und Formen der Zerebralparese und Möglichkeiten der therapeutisch-orientierten Einflussnahme.

1. Einleitung

Zu Beginn dieser Arbeit möchte ich aufzeigen, was sowohl aus medizinischer Sicht als auch von einer pädagogischen Betrachtungsweise aus genau unter dem Begriff der Zerebralparese zu verstehen ist (Kapitel 2). Anschließend stelle ich die Heterogenität des Personenkreises von Menschen mit ZP dar und klassifiziere die ZP medizinisch nach Ursachen (Kapitel 3) und Erscheinungsformen (Kapitel 4). In Kapitel 5 beschreibe ich die Auswirkungen und Begleiterscheinungen einer ZP in den verschiedenen Entwicklungsbereichen, bevor ich auf die jeweiligen therapeutischen Möglichkeiten zu sprechen komme. Ich halte es für sehr wichtig, den Begriff der Therapie klar zu definieren und von der therapeutischen Orientierung in der Sonderpädagogik abzugrenzen (Kapitel 6). Nachdem ich die Therapien für Menschen mit ZP aufgelistet, die bedeutsamsten kurz erläutert habe (Kapitel 7) und zwei Beispiele therapeutisch-orientierter Maßnahmen für unterschiedliche Altersgruppen zusammen gestellt habe (Kapitel 8), möchte ich meine Arbeit mit einem Fazit (Kapitel 9) beenden.

2. Definition

Der Begriff ZP setzt sich aus den Teilen „zerebral" und „Parese" zusammen. Während das Wort „zerebral" vom lateinischen Wort cerebellum (= das Gehirn betreffend) abstammt, kommt „Parese" vom griechischen Wort „páresis" (= Erschlaffung) (DUDEN). Fügt man diese Begriffe beide zusammen ist die ZP wortwörtlich mit „Hirnlähmung" zu übersetzen. Freier übersetzt könnte man sagen, dass die ZP eine unvollständige Lähmung ist, die durch eine Fehlfunktion des Gehirns verursacht wird. Weil die Muskeln eines Menschen mit ZP nicht gelähmt sind, sondern im Gegenteil eine immense häufig unkontrollierte Kraft freisetzen können, spricht man heutzutage eher von zerebralen Bewegungsstörungen (vgl. KÄLIN). In der Fachliteratur finden sich beide Begriffe wieder.

Bei der Zerebralparese handelt es sich um die häufigste Form der Körperbehinderung (vgl. OSKAMP und HAUPT: Die Bewegungsfähigkeit ist aufgrund einer Schädigung des Stütz- und Bewegungsapparates oder einer anderen organischen Schädigung nicht nur vorübergehend beeinträchtigt.), die nach der medizinischen Klassifikation der Großgruppe der Gehirn- und Rückenmarksschädigungen (ZNS) zugeordnet werden kann (vgl. LEYENDECKER, 2000: 18). Um die sehr heterogenen Hirnschädigungen zu kategorisieren, werden folgende Einteilungen (s. Kapitel 3 und 4) vorgenommen:

- Ätiologie (prä-, peri- oder postnatal, bzw. später erworben)
- Topographie (Tetra-, Di-, Para- Hemi-, seltener Mono- oder Triparese
- Erscheinungsformen (Spastik, Dyskinesen, Ataxie)
- Anatomischer Ort der Hirnschädigung

(vgl. LEYENDECKER, 2000: 18)

Nach KALLENBACH (2000) lässt sich die ZP „als eine Bewegungsstörung definieren, die durch bleibende, nicht weiter fortschreitende Schädigungen, Veränderungen oder Fehlentwicklungen der zentralen bewegungssteuernden Systeme Gehirn und Rückenmark [. . .] entstanden ist". Sie führt im Wesentlichen zu sensomotorischen Störungen und einem abnormen Muskeltonus, der die Bewegungsplanung, -innervation, -steuerung und -kontrolle beeinträchtigt und damit die Haltungs- und Bewegungsfähigkeit und die Gleichgewichtsreaktionen erschwert. Viele stereotype und primitive Bewegungsmuster aus dem Baby- und Kleinkindalter bleiben erhalten und werden nicht wie in der normalen Entwicklung durch übergeordnete Hirnstrukturen überlagert. Beispiele für diese persistierenden Reflexe sind: der Moro-Reflex, die tonischen Reflexe oder der Greifreflex. Neben primären Funktionsausfällen bzw. -störungen der Bewegungsfähigkeit kann es auch zu Folgeerscheinungen kommen: Epilepsien, vegetative Störungen, Skoliose, Hüftdysplasie.

Die hier praktizierte Art der medizinisch-defektorientierten Betrachtung ist gängig. Wird jedoch von der Schädigung linear auf den Komplex der Behinderung geschlossen, so ist dies durchaus kritisch und als unzureichend zu betrachten. Schädigung und Behinderung stehen zwar in einem Grund-Folge-Verhältnis, aber nicht in einem Kausalzusammenhang (vgl. WELLMITZ, 1993; Verständnis des Behindertenbegriffs der WHO). In den Kapiteln 2 bis 4 bewege ich mich jedoch bewusst auf den Ebenen der Schädigung. Diese begrenzte Sichtweise wurde gewählt, um die Themenstellung der Klausur in einem angemessenen Rahmen bewältigen zu können. Jedoch soll weder die Eingebundenheit einer jeden Persönlichkeit in den vielschichtigen sozialen Kontext (ökosystemischer Ansatz:

Berücksichtigung der Umweltfaktoren), noch die prinzipielle Ganzheit eines Jeden bestritten werden. Die Auswirkungen einer ZP auf die einzelnen Entwicklungsbereiche werden in Kapitel 5 aufgeführt, bevor daraus die entsprechende Förderung und Therapie abgeleitet werden kann. So ist zwar die körperliche Schädigung an sich irreparabel, aber die negativen Folgen können durch gezielte und individuell abgestimmte Einwirkung verringert werden.

3. Ursachen

Die zerebralen Bewegungsstörungen können in zwei große Gebiete eingeteilt werden:

3.1 Die infantile Zerebralparese (ICP): Folgezustände frühkindlicher Hirnschäden (Beginn der Schwangerschaft bis zum Ende des zweiten Lebensjahres)

50 % der ICP sind idiopathisch, die übrigen Ursachen werden wie folgt unterteilt:

- **pränatal** (vor der Geburt / im Mutterleib): Fehlen oder Unterentwicklung von Gehirnabschnitten, Sauerstoffmangelzustände, Infektionen (z.B. Röteln, Herpes, Syphilis und Toxoplasmose), toxische Einwirkungen (z.B. Medikamenteneinnahme, Alkoholabusus oder Drogenabhängigkeit der Mutter), Erbkrankheiten, Fehlbildungen des Mutterkuchens, Verletzungen, Blutungen, Blutgruppenunverträglichkeit, Schwangerschaftskomplikationen.

- **perinatal** (während der Geburt): Asphyxie (Atemstillstand), Hypoxie (Sauerstoffmangel im Blut), mechanische Schäden, Nabelschnurkomplikationen, Zangen- oder Saugglockenentbindungen, Hirnblutungen bei komplizierter Geburt, Früh- und Risikogeburten.

- **postnatal** (nach der Geburt – Neugeborenenalter bis ca. zwei Jahre): Kernikterus, Infektionskrankheiten, Entzündungen (Meningitis, Enzephalitis), Krampfanfälle, respiratorische Störungen, Sauerstoffmangel, schwere Kopfverletzungen (Gehirnerschütterung oder -prellung).

(vgl. erste Einteilung: KUNERT, 1979; KALLENBACH, 2000)

Meist ist nicht nur eine Ursache für die Hirnschädigung verantwortlich, sondern eine ganze Kette. Hauptursache ist jedoch der Sauerstoffmangel. Zwischen 1 bis 5 pro 1000 Neugeborene sind von einer ICP betroffen (vgl. NIETHARD/PFEIL), davon sind 60 % Jungen (vgl. KALLENBACH, 2000).

3.2 Später erworbene Zerebralschäden:

- Hirnverletzungen durch Unfall, Schlaganfall, Schuss oder Sturz (z.B. Schädel-Hirn-Trauma, Gehirnerschütterung oder -prellung)
- Sauerstoffmangel durch Vergiftungen oder bei Schwimmunfällen
- Meningitiis und Enzephalitis
- Hirntumoren und Folgen von chirurgischen Eingriffen beim Entfernen

(vgl. KUNERT, 1979; STADLER, 1998)

4. Erscheinungsformen

Zwei Menschen mit einer ZP weisen nie die exakt gleichen Symptome auf. Die ZP lässt sich zwar in Gruppen einteilen, aber da eine ZP fast nie als Reinform zu sehen ist, gibt es Tausende von Mischformen.

4.1 Topographischer Aspekt

Die Anomalien lassen sich vor allem in den Extremitäten erkennen. Daher erachte ich es als sinnvoll, die verschiedenen Kombinationen der betroffenen Extremitäten aufzulisten, bevor ich die einzelnen funktionellen Veränderungen genauer beschreibe.

Tetra- oder Quadriparese:	alle vier Gliedmaßen einschließlich Rumpf, Hals und Kopf
Diparese:	alle vier Gliedmaßen mit stärkerer Beteiligung der Beine
Paraparese:	beide Beine ohne nennenswerte Beteiligung der Arme
Hemiparese:	die Gliedmaßen einer Körperhälfte
Monoparese:	eine Extremität: Arm oder Bein (sehr selten)
Triparese:	drei Extremitäten: beide Arme und ein Bein oder umgekehrt (eher selten)

(vgl. NIETHARD/PFEIL, 1997)

4.2 Funktioneller Aspekt

4.2.1 Spastizität (pyramidales Syndrom): ca. 75 % aller Betroffenen

Der Begriff „Spastik" kommt von dem griechischen Wort „spasmos" und bedeutet Krampf. Die Spastik wird durch eine Schädigung des 1. motorischen Neurons

4

(Pyramidenbahn zwischen Pyramidenzelle im Gehirn und Vorderhornzelle im Rückenmark) und einem Mitbefall extrapyramidaler Fasern verursacht (vgl. NIETHARD/PFEIL, 1997). Aufgrund der Störung dieses pyramidalen Systems ist die Spastik gekennzeichnet durch eine Hypertonie, welche zu einer eingeschränkten Willkürmotorik führt, weil bei jeder Bewegungsabsicht eine pathologische Co-Kontraktion von Agonisten und Antagonisten stattfindet. Die Bewegungen sind verkrampft, stockend und langsam bis hin zur Bewegungsunfähigkeit. Zudem können die Haltungsanomalien zu Muskelverkürzungen und Gelenkversteifungen führen.

4.2.2 Dyskinesen (extrapyramidales Syndrom): ca. 10 % aller Betroffenen
Die Dyskinesen werden durch Schädigungen der dosierenden und integrierenden extrapyramidal-motorischen Kerngebiete verursacht. Dystonie und Bewegungsüberschuss sind die Folge. Davon betroffen sind alle unwillkürlichen und automatisierten Bewegungen, sowie die gesamte Reizaufnahme und -integration.
Dyskinesen werden in Athetose und Chorea unterschieden:
Bei der *Athetose* (wörtlich übersetzt: ohne feste Stellung/festen Halt) führt der ständig wechselnde Muskeltonus bei einem eher schlaffen Grundtonus zu einer Beeinträchtigung der Körperhaltung und der gesamten Bewegungsabläufe; Kontrakturen treten nicht auf. Kennzeichen ist eine Bewegungsunruhe mit langsamen bizarr geschraubten Spreiz-, Streck- und Beugebewegungen besonders in den Händen und Füßen. Somit ist vor allem das Hantieren und Manipulieren beeinträchtigt (Dysmetrie).
Treten plötzlich einschießende, unwillkürliche, unphysiologische, arhythmische und ruckhafte Muskelkontraktionen in fast allen Körperregionen auf, handelt es sich um *Chorea*.
Bei beiden Formen können auch die Gesichts- und Mundmotorik betroffen sein, wodurch es zu einer deutlichen Einschränkung der Mimik und auch der Sprache kommen kann.

4.2.3 Ataxie (cerebellares Syndrom): ca. 15 % aller Betroffenen
Das Kleinhirn (Cerebellum) übernimmt Aufgaben der sensomotorischen Koordination sowie der Steuerung der Gleichgewichtreaktionen. Die Ataxie (griechisch: ohne Takt/ohne Ordnung) wird durch eine Störung des Kleinhirns verursacht. Somit zeigen sich Ataxien durch fehlende Zielgerichtetheit (Dysmetrie), Koordinations- und

Gleichgewichtsstörungen. Es kommt zu zittrigen, verwackelten und über das Ziel hinausschießenden Bewegungen mit Intentionstremor bei einem eher schlaffen Grundtonus. (vgl. KALLENBACH, 2000)

5. Auswirkungen und Begleiterscheinungen der ZP

Aufgrund des großen Umfangs an Symptomen, kann ich im Folgenden nicht auf alle zu sprechen kommen. Ich möchte jedoch die wichtigsten Auswirkungen einer ZP den jeweiligen Entwicklungsbereichen zuordnen, um später auf die jeweils passenden therapeutisch-orientierten Maßnahmen eingehen zu können.

In dem folgenden Schaubild von FRÖHLICH wird deutlich, dass die einzelnen Entwicklungsbereiche sehr eng miteinander zusammen hängen und sich gegenseitig beeinflussen: Alle zusammen bilden ein Ganzes: Ist ein Bereich gestört, ist die Entwicklung insgesamt gestört.

5.1 Motorik

Bei allen Erscheinungsformen treten Störungen in der Haltungs- und Bewegungsfähigkeit auf (s. Kapitel 2). Besonders Menschen mit einer sehr schweren Form der Spastik erreichen wohlmöglich niemals die Sitz-, Steh- oder Gehfähigkeit und sind somit lebenslang auf Pflege und andere Hilfe bei alltäglichen Verrichtungen (Essen, Trinken, Körperpflege, Toilettengang, Kleidung wechseln etc.) angewiesen.

Die Koordinationsfähigkeit ist eingeschränkt, die Gleichgewichtsreaktionen sind erschwert und es kommt zu einer Verzögerung der statomotorischen Entwicklung. Die mangelnde Kopfkontrolle und die eingeschränkte Feinmotorik der Augen im Zusammenwirken mit den Wahrnehmungsstörungen wirken sich wiederum auf die Koordination von Sehen und Greifen/Loslassen (Hantieren und Manipulieren/Be-Greifen) aus. Bei Menschen mit ZP setzt die Auge-Hand-Koordination demnach meist verspätet ein oder ist gar nicht vorhanden (vgl. KALLENBACH, 2000:62), wodurch der Erwerb erster Objektbeziehungen, Verknüpfungen nach dem Ursache-Wirkung-Prinzip und das Begreifen abstrakter Inhalte erschwert werden (gestörte Assimilation und Akkomodation).

Auch die Körpererfahrung ist durch die motorischen Einschränkungen begrenzt und das Körperschema entwickelt sich verlangsamt. Nur eingeschränkt können Kinder mit einer ZP spielerische Übungen mit ihrem Körper durchführen. Hinzu kommen eventuelle Therapien und medizinische Eingriffe, die eine entspannte Erfahrung mit dem Körper nicht möglich machen. Müssen die Kinder z.B. von klein an künstlich ernährt werden, machen sie nur sehr negative orale Erfahrungen und haben keine Anreize, sich auszuprobieren oder Erfahrenes zu variieren.

5.2 Wahrnehmung

Aufgrund der eingeschränkten sensorischen Aufnahmefähigkeiten vieler Menschen mit ZP kommt es zu behinderten Wahrnehmungsmöglichkeiten, die schon durch die motorische Insuffizienz nur eingeschränkt möglich sind. Die Auswirkungen zeigen sich in einem Erfahrungsmangel und in der unzureichenden Fähigkeit, neue Erfahrungen aufzunehmen und zu integrieren (vgl. LEYENDECKER). So ist z. B. die Perzeption von Form, Größe, Menge, Richtung und Raum durch die veränderte sensomotorische Entwicklung beeinträchtigt.

Man unterscheidet zwischen einer Störung der sensorischen Rezeption durch den Ausfall oder eine Beeinträchtigung bestimmter Sinnesorgane und zentralen Wahrnehmungsstörungen, bei denen die zentralnervöse Verarbeitung und Integration durch die Hirnschädigung beeinträchtigt sind. Diese äußern sich z.b. in einer Reizselektions-, Diskriminations-, Durchgliederungs- und Figur-Hintergrund-Differenzierungsschwäche (vgl. KALLENBACH, 2000: 64 f.; LEYENDECKER, 1999). Nach AYRES bestehen Wahrnehmungsstörungen vor allem in einer Schwäche der intermodalen und serialen Integration.

5.3 Sprache und Sprechleistungen

Sprachstörungen sind mit ca. 60 bis 80 % aller betroffenen Menschen die häufigsten Begleitsymptome einer ZP. Vergleichbar mit den Wahrnehmungsstörungen unterscheidet man auch hier zwischen zentralen Sprachstörungen (motorische und sensorische Aphasie) und funktionellen Sprachstörungen (je nach Schweregrad: Dysarthrie oder Anarthrie), die auf die eingeschränkte Feinmotorik vor allem im Gesichts- und Mundbereich zurückzuführen sind. Bei Menschen mit ZP liegt eine neuromuskuläre Funktionsstörung der am Sprechvorgang beteiligten Artikulationsorgane Zunge, Gaumen, Kiefer, Lippen und Wangen vor. Dadurch ist die gesamte Sprechmotorik einschließlich der Atem- und Stimmgebung in Mitleidenschaft gezogen. Störungen der Sprechfunktionen haben allerdings nur selten auch Auswirkungen auf das Sprachverständnis.

5.4 Sozial-emotionale Befindlichkeit/Verhalten

Der Einfluss der Behinderung auf die sozial-emotionale Entwicklung ist abhängig von der frühen Mutter-Kind-Beziehung, aber auch von den Reaktionen der übrigen

Umwelt. Überbehütung, aber auch Überforderung des Menschen mit ZP stellen die Ursachen psychischer Fehlentwicklungen dar. Eine zu starke Abhängigkeit von der Mutter oder einer anderen engen Bezugsperson führt zu einer Unselbstständigkeit und „erlernten Hilflosigkeit", die eine Reduzierung der eigenen Ziele und eine eingeschränkte Selbstverwirklichung zur Folge hat. An die Stelle des Ziels Autonomie tritt dann die Alternative Bindungslosigkeit oder Abhängigkeit. Bei erhöhten und unangemessenen Leistungserwartungen der Umwelt und den trotz großer Mühe entstehenden Misserfolgserlebnissen des betroffenen Kindes kommt es zu Interessenlosigkeit, Motivationsverlusten, Leistungsverweigerungen, Frustration, Aggressionen, Ängsten und Unsicherheitsreaktionen. Aufgrund der ständigen Abhängigkeit und Überforderungen kann es zu Verhaltensstörungen kommen. So ist z.b. das erhöhte Aggressionspotential ein Zeichen für die Spannungen und inneren Probleme, die sich in zwischenmenschlichen Beziehungen niederschlagen. Die soziale Integration (z.b. in eine Schulklasse) und Teilnahme am öffentlichen Leben ist somit erschwert und auch eine Mitgliedschaft in Cliquen von Gleichaltrigen Nichtbehinderten ist ohne Mobilität kaum möglich. Die Entwicklung der Ich-Identität ist aufgrund einer Inbalance zwischen sozialer und persönlicher Identität gestört.

5.5 Kognitives Leistungsvermögen

Durch das „Lernbasis-Defizit" (KALLENBACH, 2000) ist das allgemeine Lernleistungsniveau der Menschen mit ZP generell niedriger. Die Lernzuwachsrate fällt kleiner aus, das Lerntempo ist geringer, die Konzentration lässt schneller nach und die Lernprozesse sind häufig diskontinuierlich und verlaufen mit Lernplateaus und Phasen, in denen bereits Gelerntes kurzzeitig wieder vergessen wird. Menschen mit ZP sind schneller erschöpft und benötigen viele Pausen. Auch folgende Besonderheiten stellte LEYENDECKER in seinen Untersuchungen fest: Orientierungsschwierigkeiten beim Verständnis von Lernaufgaben, Inflexibilität im Ausdenken von Lösungswegen, Schwierigkeiten bei der Einbeziehung gewonnener Erfahrungen, Perseverationen, Probleme bei Transfer- und Umlernaufgaben.

Diese Besonderheiten dürfen zum einen nicht generalisiert werden, zum anderen sagen sie nicht ohne weiteres etwas über die Intelligenz der Menschen mit ZP aus. Da jedoch Lernen und Intelligenz sehr eng miteinander verbunden sind, ist die Intelligenzhöhe von Menschen mit ZP aufgrund von Wahrnehmungsstörungen und „Lernbasis-Defiziten" im Durchschnitt deutlich niedriger als die von Menschen mit

Körperbehinderungen ohne Hirnschaden oder von nichtbehinderten Menschen; die Streubreite ist jedoch sehr groß. (vgl. LEYENDECKERN und NEUMANN, 1983).

6. Therapie – therapeutische Orientierung in der Sonderpädagogik

Aus den obigen Ausführungen ergibt sich die Notwendigkeit einer umfassenden Förderung bezogen auf alle Formen und Schweregrade der ZP. Die verschiedenen Therapien sind neben der medizinischen Versorgung, der pädagogischen Förderung, der Hilfsmittelversorgung und der beruflichen und sozialen Integration ein wesentlicher Bestandteil des Rehabilitationsprozesses. Das Wort Therapie kommt aus dem Griechischen und bedeutet „das Dienen". Eigentlich sind ausgebildete Therapeuten (z.S. Physio-, Sport- und Ergotherapeuten) für die Durchführung der Therapien verantwortlich, jedoch ist „Therapeut" kein geschützter Begriff; er kann deshalb auch kommerziell genutzt werden.

Therapiert wird immer direkt am Syndrom oder präventiv. Ziel der Therapie ist die Heilung, das Aufhalten von Krankheitsprozessen, die Beseitigung oder Linderung der Symptome und der damit verbundenen Schmerzen und die Wiederherstellung der körperlichen und psychischen Funktion (vgl. FRÖHLICH, 1994). Eine umfassende Therapie ist nur möglich und sinnvoll, nachdem durch eine mehrdimensionale Diagnostik die individuellen Bedürfnisse des Menschen mit ZP unter Berücksichtigung seiner Gesamtsituation ermittelt wurden. Da die Therapie stets einen aktuellen Interventionscharakter hat, bedarf sie einer genauen Indikation. Die Methoden und Inhalte von Förderung können sehr ähnlich sein, jedoch begleitet die Förderung den Menschen mit einer Behinderung lebenslang, während eine Therapie meist während eines begrenzten Zeitraums durchgeführt wird (vgl. FRÖHLICH, 1994). Die Förderung ist als umfassender und allgemeiner zu verstehen. Sie umfasst alle Entwicklungsbereiche und zielt nicht auf eine Heilung ab. Gefördert werden Menschen z.B. auch in Bereichen, in denen sie sehr begabt sind.

Der Begriff der Therapie wird aber auch auf sonderpädagogische Aufgabenstellungen angewandt: Zwar steht die pädagogische Arbeit im Vordergrund, aber auch verschiedene therapeutisch-orientierte Programme werden aufgegriffen und können in den Alltag (Schule, Beruf und Freizeit) integriert werden, idealer Weise in Absprache mit den jeweiligen Therapeuten, die die entsprechenden Kompetenzen besitzen. Teamarbeit spielt dabei eine ganz wichtige Rolle, denn erst wenn jeder bei der Erziehung, Therapie und Förderung des Menschen mit Behinderung Mitwirkende an einem Strang zieht, wird der gewünschte Erfolg erzielt. <u>Zweck</u> ist eine kontinuierliche therapeutisch-orientierte Forderung und Förderung der Menschen mit ZP; nicht nur während der eigentlichen Therapie zu festgelegten Zeiten, sondern darüber hinaus. So ist es z.b. denkbar während eines festgelegten Zeitraums eine therapeutisch-orientierte Maßnahme (in der Schule, im Wohnheim, im Elternhaus) durchzuführen, deren Erfolg anschließend möglichst objektiv überprüft werden muss, um herauszufinden, ob der gewünschte Fortschritt eingetreten ist.

7. Therapien für Menschen mit ZP

Die Therapie orientiert sich am Alter der Menschen mit ZP und an der Schwere der Läsion. Je früher die Diagnose gestellt wird, desto eher und gezielter kann eine Behandlung eingeleitet werden. Im Mittelpunkt sollte der handelnde Mensch und nicht der zu behandelnde Mensch stehen. Selbstinitiierte, aktive Handlungsansätze ermöglichen die entscheidende und dauerhafte Antriebsmotivation. Nicht nur die Integration der einzelnen Therapien in den Alltag spielt eine wichtige Rolle, sondern auch eine allgemeine Bewegungsförderung: z.B. ein auf die individuellen Bedürfnisse von Menschen mit ZP zugeschnittenes sportliches Angebot (vgl. KALLENBACH, 2000) oder auch die Integration von Bewegung in den Schulunterricht. Zum einen sollte dies jeder Schüler für sich individuell regeln (z.b. alle halbe Stunde einmal mit den Armen aus dem Rollstuhl hochdrücken), zum anderen ist es Aufgabe des Lehrers z.B. in Form von Laufdiktaten im Deutschunterricht, rhythmischen Bewegungsformen im Musikunterricht u.Ä. den Schüler mit ZP zur Bewegung zu motivieren.

Aufbauend auf die in Kapitel 5 beschriebenen Auswirkungen der ZP möchte ich im Folgenden auf die verschiedenen Therapieansätze eingehen und diese in Anlehnung an Frau Prof. Dr. Krista MERTENS aufgrund der Vielfalt an Therapien nach Berufsgruppen ordnen, um eine bessere Übersicht zu gewährleisten.

7.1 <u>Therapien mit physiotherapeutischem Schwerpunkt</u> (Berufsgruppe der Physiotherapeuten)

Die klassische Therapieform für Menschen mit einer ZP ist die <u>Physiotherapie</u>, da sie versucht, das Hauptsymptom der ZP – die Bewegungsstörung (s. Kapitel 5.1) – zu vermindern. Um einen größtmöglichen Erfolg zu gewährleisten, sollte man aufgrund der Plastizität des Gehirns möglichst früh mit einer Physiotherapie beginnen und die motorische Behandlung in einer kommunikativen und emotional-sozial anregenden Situation geschehen lassen (s. enges Zusammenwirken der einzelnen Entwicklungsbereiche in Kapitel 5).

Das entwicklungsneurologische Konzept (nach BOBATH) und die entwicklungskinesiologische Behandlungsmethode der Reflexlokomotion (nach VOJTA) sind die bekanntesten Physiotherapien für Menschen mit ZP. Während die Behandlung nach BOBATH auch in den Alltag integriert und in der Erwachsenentherapie modifiziert angewandt wird, ist die Behandlung nach Vojta ausschließlich für den Säugling und das Kleinkind mit ZP gedacht.

Auch die konduktive Förderung nach PETÖ wird für Kinder und Jugendliche mit ZP angeboten – in Deutschland jedoch relativ selten, da ihr Erfolg bisher nicht endgültig nachgewiesen und anerkannt wurde. Die „Konduktorin" vereint in ihrer Arbeit eigenverantwortlich die verschiedenen Aufgaben der Physio- und Ergotherapeutin, der Moto- und Logopädin, der Pflegerin, Erzieherin und Sonderpädagogin (vgl KALLENBACH, 2000: 79).

Bei der Hippotherapie (durchgeführt von Physiotherapeuten mit Zusatzqualifikation), aber auch beim Heilpädagogischen Reiten und Voltigieren wird die Bewegung des Pferdes als Medium genutzt. Die dreidimensionale Bewegungsrichtung, die Körperwärme und der Geruch des Pferdes führen zu einer Entspannung der Muskulatur und fördern den emotional-sozialen, sensomotorischen und kognitiven Bereich.

Weitere Aufgaben des Physiotherapeuten nach einer Hilfsmittelversorgung sind z.B. das Orthesentraining, die Gangschulung mit und ohne Stützen und das Training mit dem Rollstuhl, dem Dreirand, dem Rollbrett und dem Pedalo. Diese Übungen müssen jedoch auch unbedingt im Alltag fortgeführt werden.

Therapien, die größtenteils auf die Verbesserungen des körperlichen Zustands abzielen sind z.B.: Funktionelles Training, Balneotherapie, Fango, Hydro- und Thermotherapie, Massagen, manuelle Therapie, Elektro- und Ultraschalltherapie u.ä.

7.2 Therapien mit sportpädagogischem Schwerpunkt (Berufsgruppe der Sporttherapeuten und -pädagogen)

Im Mittelpunkt der Psychomotorik nach KIPHARD steht die grobmotorische Bewegungsförderung. In psychomotorischen spielerischen Bewegungsangeboten werden so die Bereiche Motorik, Körpererfahrung, Wahrnehmung und Persönlichkeit miteinander verknüpft und gefördert. Die Methoden der Psychomotorik sind spielerisch, kreativ und ohne Leistungsdruck und können somit auch problemlos für alle Altersgruppen in den Alltag mit einbezogen werden (detailliertere Ausführungen: s. Kapitel 8.).

Ebenso sind die übrigen in diesen Bereich zählenden Therapien für alle Altersklassen geeignet: so z.B. der Behindertensport in Vereinen, die Wassergymnastik und das Schwimmen. Das Schwimmen im warmen Wasser ist für Menschen mit ZP besonders geeignet, da sich das Körpergewicht auf bis zu ca. 10% reduziert, die Gelenke geschont werden, die Muskulatur sich entspannt, die Wirbelsäule sich bis zu 3 cm ausdehnen kann und die Herz-Kreislauf-Aktivität durch die Druckerhöhung im Wasser angeregt wird und somit den häufig bei Menschen mit ZP vorhandenen vegetativen Störungen entgegen wirkt.

7.3 Therapien mit ergotherapeutischem Schwerpunkt (Berufsgruppe der Ergotherapeuten)

Ergotherapeuten trainieren in erster Linie alle Wahrnehmungsbereiche (visuell, auditiv, taktil, vestibulär, propriozeptiv, olfaktorisch, gustatorisch, kinästhetisch).

In der Sensorischen Integrationstherapie nach AYRES wird versucht durch Stimulation der Basissinne (vor allem taktil, propriozeptiv und vestibulär) die Wahrnehmungsleistung des Menschen mit ZP zu erhöhen (vgl. KALLENBACH, 2000). Einströmende Sinnesinformationen sollen sinnvoll koordiniert, geordnet und verarbeitet werden, um den eigenen Körper und die Umwelt zu erfassen und eine angemessene Reaktion zu ermöglichen.

Da auch die Feinmotorik der Augen einen wesentlichen Einfluss auf die Wahrnehmungs- und Intelligenzleistung ausübt (s. Kapitel 5), sollte möglichst früh mit einer visuellen Wahrnehmungsförderung begonnen werden. Weit verbreitet ist das Trainingsmaterial von FROSTIG, mit dem folgende fünf Bereiche gefördert werden: Visuomotorische Koordination, Figur-Grund-Wahrnehmung, Wahrnehmungs- und Formkonstanz, Wahrnehmung der Raumlage und die Wahrnehmung räumlicher Beziehungen.

Die „Basale Stimulation" nach FRÖHLICH versteht sich als ein ganzheitliches Konzept: Jeder Entwicklungsbereich wirkt auf jeden ein; alle Bereiche zusammen ergeben eine Einheit (s. Abbildung 1). Über basale Reize (somatisch, vestibulär, vibratorisch), für deren Aufnahme das Kind keinerlei Vorkenntnisse benötigt, wird die

Person selbst erreicht. FRÖHLICH sieht Berührung als elementare Kommunikationsform an. Ziel ist die Herstellung einer Beziehung über den Körper (Atmung, Herzschlag, Geruch) und die Stimme (detailliertere Ausführungen: s. Kapitel 8.).

Eher feinmotorische und kognitive Aufgabenstellungen, die die grobmotorisch bestimmten Maßnahmen der Physio- und Sporttherapie ergänzen, finden sich in folgenden Therapien wieder: Ess- und Schreibtraining, Arbeits- und Spieltherapie.

7.4 Entspannungstechniken und -therapien

Einige Beispiele möchte ich hier nur kurz auflisten:

- Snoezelen
- Autogenes Training
- Atemtherapie
- Feldenkraismethode
- Progressive Muskelentspannung nach JAKOBSEN

7.5 Sonstige Therapien

- rhythmisch-musikalische Förderung
- Pantomime und Körperausdruck
- Sprachtherapie
- Tanz- und Musiktherapie
- Kunsttherapie
- Aroma- und Lichttherapie

8. Beispiele zweier therapeutisch-orientierter Maßnahmen

Ein wenig ausführlicher möchte ich nun zwei Programme vorstellen, die sich an bereits in Kapitel 7 benannten Therapien orientieren, aber im Rahmen therapeutisch-orientierter Maßnahmen auch in den Alltag mit einbezogen werden können: von Sonderpädagogen (in Frühförderung, Kindergarten, Schule, in Wohnheimen und Sonderabteilungen der Werkstatt für Menschen mit Behinderung, etc.), Eltern, Krankenpflegern, Sozialpädagogen und anderen Fachkräften, die mit Menschen mit ZP arbeiten.

Das ist zum einen das Konzept der Psychomotorik nach KIPHARD, welches ich auf eine Gruppe von älteren Menschen mit ZP beziehen möchte und in der Spätrehabilitation (z.B. in Wohnheimen für behinderte Menschen) durchgeführt werden könnte und zum anderen das Konzept der „Basalen Stimulation" nach FRÖHLICH, welches für ein Entwicklungsalter bis ca. sechs Monate entwickelt wurde und von Sonderpädagogen z.B. in der pädagogischen Frühförderung eingesetzt und evtl. auch von den Eltern zuhause übernommen werden kann. (vgl. STADLER, 1998).

8.1 Psychomotorik nach KIPHARD (vgl. Kapitel 7.2)

KIPHARD teilt seine Übungen zur besseren Übersicht in vier Hauptgruppen ein; die Grenzen sind jedoch fließend. Ich möchte zu jeder Hauptgruppe im Folgenden eine Übung nennen, die ich aufgrund der jeweiligen Absicht für den Personenkreis älterer Menschen mit ZP für besonders geeignet halte, aber auch mit jüngeren Menschen durchgeführt werden kann.

1. Hauptgruppe: Sinnes- und Körperschemaübungen

„Hände ertasten": Ein Gruppenmitglied ertastet Hände mit offenen, später mit geschlossenen Augen; anschließendes Zuordnen der Hände zu den Gruppenmitgliedern. Absicht: Förderung des Tastens, der Sozialkompetenz, der Konzentration und des Gedächtnisses

2. Hauptgruppe: Übungen der Behutsamkeit und Selbstbeherrschung

„Wald durchqueren": „Pilzsucher" mit geschlossenen Augen muss den Weg durch den Wald zum Pilz finden; „Bäume" weisen ihm klatschend den Weg. Absicht: Förderung der Ich-Erfahrung, der Kooperationsfähigkeit, der Sinneserfahrung und der Konzentration

3. Hauptgruppe: Rhythmisch-musikalische Übung

„Steine rhythmisch weiterreichen": Gruppenmitglieder sitzen im Kreis und reichen die Steine zu einem ihnen bekannten und von ihnen selbstgesungenen Volkslied im Rhythmus weiter; evtl. Richtungswechsel und Varianz der Schnelligkeit. Absicht: Förderung des Rhythmusgefühls, der Mundmotorik und der Sozialkompetenz

4. Hauptgruppe: Übung des Erfindens und Darstellens

„Pantomime": Jedes Gruppenmitglied denkt sich ein Wort aus, stellt es pantomimisch dar und die anderen müssen raten. Absicht: Förderung der Kreativität, der Motorik, Gestik und Mimik, der Sozialkompetenz und des Gedächtnisses

8.2 „Basale Stimulation" nach FRÖHLICH

Nach FRÖHLICH bilden die somatische, die vestibuläre und die vibratorische Wahrnehmung die sensorische Basis. Die basalen Anregungen verfolgen Ziele, die speziell für Kleinkinder mit ZP von großer Bedeutung sind: Erleben und Erfahren des ganzen Körpers, Bewegungserleichterungen und -erfahrungen, Wechsel von Spannung und Entspannung, verbesserter Atemrhythmus und Gefühl des allgemeinen Wohlbefindens und der Sicherheit.

Somatische Anregungen (Muskulatur und Haut) versuchen den Rumpf als Körperzentrum „herauszumodellieren"; später schließen sich Arme/Beine und Hände/Füße an. Dabei sollten die Anregungen unter Hinzuziehung verschiedener Materialien verstärkt werden: z.B. Feder, Frotteehandtuch, Fellhandschuhe, Massagebälle u.Ä. Absicht: Training der Körper- bzw. Selbstwahrnehmung, Entwicklung eines Körperschemas, emotionale Stabilisierung

Vestibuläre Anregungen (Körperlage, Gleichgewicht) arbeiten mit der Schwerkraft. So wird z.B. durch sanftes Schaukeln, Schwingen und Drehen eine Positionsveränderung der betreffenden Person herbeigeführt. Absicht: Stabilisierung der Haltung, Normalisierung des Muskeltonus.

Vibratorische Anregungen (Schwingungsempfindungen durch Knochenleitung) I.d.R. wird Widerstand durch Krabbeln, Hüpfen und Rennen spürbar. Da jedoch einige Kinder mit ZP diese Erfahrungen nicht oder nur eingeschränkt erleben, müssen kleine Vibratoren oder die manuelle Vibration aushelfen. Als Hilfsmittel dienen auch die Stimme, elektrische Rasierapparate, Massagekissen, das Wasserbett (normalisiert den Tonus der darauf liegenden Person). Absicht: den Körper als Einheit erfahren, Entwicklung eines Körperschemas, Förderung der auditiven Perzeption durch Schwingungen.

9. Fazit

Zwar ist nicht bei jedem Menschen mit ZP die Förderung aller Bereiche notwendig, aber die große Interdependenz zwischen den zuvor beschriebenen Entwicklungsbereichen sollte keinesfalls außer Acht gelassen werden. So ist z.B. ein „verlässlicher Körper" (GIBSON) die Voraussetzung für Erkundung, die Motorik aber auch Grundlage für Kognition, Kognition hilft Wahrnehmungsstörungen zu kompensieren usw.

Die Ausführungen im Kapitel 3 zeigen, wie groß die Vielfalt der Erscheinungsformen einer ZP ist: **Den** Menschen mit ZP gibt es nicht: Die Varianz der Persönlichkeitsmerkmale eines Jeden ist unendlich groß. Darauf muss mittels der individuell angepassten therapeutischen Maßnahmen eingegangen werden, um der Persönlichkeitsentwicklung als prozessuales Geschehen Rechnung zu tragen. Unumstritten ist die Notwendigkeit einer möglichst frühen Diagnostik, um notwendige Maßnahmen der Förderung einleiten zu können. Während es bei jüngeren Kindern vor allem um bewegungsfördernde Maßnahmen zum Erwerb elementarer Bewegungsmuster geht (Plastizität des Nervensystems), steht in den späteren Lebensjahren dagegen besonders die Vorbeugung weiterer Bewegungseinschränkungen infolge von Gelenkversteifungen und Muskelschwächen und der Erhalt der vorhandenen Leistungsfähigkeit im Zentrum therapeutischer Bemühungen.

Mit Blick in die Zukunft würde ich mir zum einen wünschen, dass die Eltern der betroffenen Kinder noch umfassender und fachkundiger über den Erfolg einer Frühförderung und weiterer Therapien, nachteilige Sekundärfolgen zu verhindern, aufgeklärt werden und zum anderen, dass diesen Menschen mit ZP durch eine erhöhte Interdisziplinarität von Pädagogen, Therapeuten, Medizinern, Psychologen, Hilfsmittelspezialisten und anderen Fachleuten die soziale Eingliederung in Form von gesellschaftlicher Teilhabe und selbstständiger Lebensgestaltung noch verstärkter erleichtert wird. Umgekehrt ist jedoch eine „Überdosierung" von Therapien zu vermeiden, denn jeder Betroffene sollte nicht unter zu hohem Normalisierungsdruck stehen, sondern sich möglichst früh mit seiner Behinderung auseinander setzen, mit deren Folgen leben und selbst entscheiden, in welchem Umfang er Hilfe annehmen möchte.